AF268318

RECHERCHES

SUR

LA FAMILLE FESSELER

alias Fascelet, Fasselet, etc., Wisse et de Wisse

BARROIS, XVe-XVIe SIÈCLES

PAR

Léon GERMAIN

NANCY

TYPOGRAPHIE G. CRÉPIN-LEBLOND

Passage du Casino

—

1886

RECHERCHES

SUR

LA FAMILLE FESSELER

alias Fascelet, Fasselet, etc., Wisse et de Wisse

BARROIS, XVe-XVI^c SIÈCLES

PAR

Léon GERMAIN

NANCY

TYPOGRAPHIE DE G. CRÉPIN-LEBLOND

Passage du Casino.

—

1886

RECHERCHES

SUR

LA FAMILLE FESSELER

(XVe-XVIe SIÈCLES)

Trois motifs nous ont engagé à rédiger cette note : une question posée sur la généalogie de Jacques Fesseler, capitaine de la garde des ducs René II et Antoine ; des recherches sur la maison de Wisse, dont nous avons voulu connaître la relation avec celle qui porta le même nom ; enfin, l'intention de déterminer l'origine de l'écu *d'or à la fleur de lis de gueules*, que l'on remarque dans les planches de Husson-l'Escossois, et que J. Cayon a reproduit en y joignant, sans autre explication, le nom de *Fascelet*.

Les documents nous ont prouvé que *Fascelet* ou *Fasselet*, comme on le trouve écrit ailleurs, est le même nom que *Fesseler*, sous une forme romanisée.

Le nom germanique Fesseler et la fleur de lis des armoiries permettent de croire que cette famille était d'origine alsacienne ou allemande.

On la voit apparaître en Lorraine au xvᵉ siècle, en la personne de Jacques Iᵉʳ, père du capitaine de la garde, qui reçut les fonctions considérables de maréchal de Barrois. Ce seigneur s'allia, très probablement, à la maison de Wisse : non seulement il prit son nom , qui cependant n'était pas éteint, mais son fils hérita, ce semble, d'une portion de la terre de Gerbéviller (1), que cette puissante famille possédait, sinon entièrement, du moins pour la plus grande partie. En outre, nous trouvons la confirmation de ce mariage dans un recueil de quartiers généalogiques, qui remonte au xviiᵉ siècle (2) ; une page consacrée aux 16 quartiers d'un membre de la famille de Housse, — qu'il faut sûrement lire en les divisant par une croix en quatre groupes, — donne, avec les armoiries correspondantes, les noms suivants, représentant les quatre quartiers d'une fille du capitaine de la garde (Clémence Fesseler, femme de Henri de Housse) :

Fasselet.   *Bouvigny.*
Manteville.   *Wisse.*

La disposition est certainement défectueuse ; mais les noms paraissent exacts et ne demandent qu'un meilleur ordre. En effet, Jacques II *Fesseler* épousa Alix de *Bouvigny*, et Husson-l'Escossois nous apprend que la

(1) M. du Hautoy, *Mém. de la Soc. d'Arch. lorr.*, t. XXI, 1871, p. 51, note, et p. 61. — V. plus loin, 1510.

(2) Bibl. de la Soc. d'Arch. lorr.

mère de cette dernière appartenait à la famille de *Manteville*. Voilà trois noms qui concordent parfaitement avec les quartiers indiqués ; il faut donc que le quatrième, c'est-à-dire *Wisse*, représente la mère de Jacques II (1).

Les différents exemplaires du *Simple crayon* de Husson-l'Escossois que nous avons pu consulter ne renferment pas d'article spécial à la famille Fesseler ; c'est cependant à elle qu'il faut rapporter l'écu *d'or à fleur de lis de gueules* que l'on trouve dans les planches de la Chalcographie (pl. 6, fig. 12). Jean Cayon n'a pas non plus fait figurer cette maison dans son *Ancienne chevalerie ;* mais dans son album de blasons, imités de ceux de Husson, il a reproduit, au n° 206, l'écu dont il vient d'être question, et lui fait correspondre, à la table, le nom de « *Fascelet* ». Nous trouvons encore les mêmes armoiries dans le *Recueil* de Jean Callot, au sujet de l'alliance de « Clémence de Fasselet » (fille de Jacques II) avec Henri de Housse.

M. Dumont et, d'après lui, M. du Hautoy ont mentionné Jacques Ier Fesseler, comme maréchal du Barrois, en 1481 et en 1510. Nous n'avons pu vérifier que la seconde de ces dates. Celle de 1481 est de nature à surprendre

______

(1) Le même prénom avait été porté par « Jacque Wisse, doyen de Saint-Diez, » qui vivait en 1451 (Dufourny); par « Jacques de Wisse » (si ce n'est le même) qui fut élu abbé de Gorze en 1445 (Dom Calmet, Liste des abbés; Nimsgern, *Hist. de Gorze ;* et Brizion, *Hist. des communes du canton de Fresnes-en-Wœvre*) ; enfin par « Jacques de Wisse de Gerbevillier », fils de Jean, bailli de Nancy, et de Catherine de Lenoncourt, qui fut tué, avec son frère Philippe, le 20 août 1475 et reçut la sépulture dans l'abbaye de Beaupré.

lorsqu'on voit M. Lepage citer la nomination d'Emich, comte de Linange, à ces hautes fonctions, le 21 juillet 1486 (1).

Quoi qu'il en soit, voici ce que dit M. du Hautoy :

« Jacques Fesseler, dit Wisse, maréchal du Barrois, Jacques Wisse, capitaine de la garde, son fils, et plusieurs gentilshommes, avec vingt chevaux, vont devant Cons, que les gens de Guillaume de la Marck avaient pris (1481) (2).

» Jacques Wisse, seigneur de Ranzières, maréchal de Barrois, est commis le 13 septembre 1510 (3) comme

---

(1) *Offices*, dans les *Mém. de la Soc. d'Achr. lorr.*, t. XIX, 1869, p. 76.

(2) M. du Hautoy ne cite pas la source de cette indication ; mais le contexte permet de voir qu'elle est extraite des *Ruines de la Meuse* de M. Dumont. Cet ouvrage comprend cinq volumes, dépourvus de bonnes tables ; heureusement nous n'avons eu qu'à feuilleter le premier, jusqu'à la page 376, pour y trouver le passage désiré. Cette mention se trouve dans l'article de *La Chaussée ;* la voici textuellement :

« 1481. Le maréchal de Barrois, son fils, Jacques Wisse, capitaine de la garde, et plusieurs gentilshommes avec 20 chevaux, allant devant Cons, que les gens de Guillaume de la Marche avaient pris. »

Il est regrettable que M. Dumont n'ait pas dit où il a puisé ce renseignement. C'est, sans doute, dans les comptes de la prévôté, à cause des dépenses auxquelles cette étape donna lieu.

Deux ans auparavant M. Dumont (même page), d'accord en cela avec les *Offices* de M. Lepage, cite « Jehan, comte de Salm, » avec le titre de maréchal de Barrois.

(3) M. du Hautoy ajoute en note : « Cette date de septembre 1510, que donne M. Dumont, est fautive, car le sieur de Gerbéviller était encore capitaine de la garde en avril 1510 ; à moins que ce sieur de Gerbéviller ne soit le même que Jacques Wisse, seigneur de Ranzières. » — Nous avons

arbitre, avec Nicolas Goherti, évêque de Panéade, administrateur de l'évêché de Verdun, Martin Pinguet, archidiacre de Vic, gouverneur dudit évêché, et Gérard d'Avillers, bailli de Saint-Mihiel, dans le différend de Jean de Sampigny et Nicole d'Angy, sa femme, veuve de Régnier de Creüe, contre Martin la Dague, mayeur de Creüe, Pierre et Guillaume, frères, seigneurs de Creüe, d'autre part, qui fut jugé devant la Chambre épiscopale de Hattonchâtel (1) ».

On voit des détails sur ce procès dans les *Ruines de la Meuse,* de M. Dumont (t. I, p. 82 et suiv.), il y nomme en effet (p. 84) : « Jacques Wisse, sieur de Ranzières, maréchal de Barrois. » Une heureuse coïncidence nous a permis de retrouver des pièces de cette affaire dans le Trésor des Chartes, et d'y lire ainsi le nom de ce seigneur : « Jaques Wisse, seigneur de Ransierez, mareschal de Barroys » (Lay. Hattonchâtel II, 4).

Jacques Ier paraît n'avoir eu d'autre enfant que le capitaine de la garde. Dans son *Commentaires sur la Chronique de Lorraine,* M. H. Lepage a donné sur lui de nombreux et intéressants renseignements.

« Jacques Wisse, ou mieux Jacques Fesseler, dit Wisse, avait été nommé capitaine des archers de la

pu vérifier l'exactitude de la date en question.. Jacques Ier, maréchal de Barrois, était seigneur de Ranzières (en partie) ; son fils, Jacques II, capitaine de la garde, a pu devenir seigneur d'une faible portion de Gerbéviller, du chef de sa mère. On désignait souvent la famille de Wisse sous le nom de cette seigneurie.

(1) M. du Hautoy, *ibid.*, p. 51. V. nos *Rech. généal. sur la famille d'Augy ;* Nancy, 1885; p. 40.

garde, le 21 août 1473, et retenu, le même jour, pour conseiller et chambellan de René II (1).

» Il avait servi les ducs Jean et Nicolas, dès son enfance, « en leurs guerres et emprinses des royalmes » et pays de Sicile, Arragon et Castellongne (2) », et ces princes lui étaient restés redevables de plusieurs sommes de deniers, « tant à cause de ses gaiges et » soldes, comme des perdes de chevalx, fraiz, missions » et autres dommages par lui soustenus. » C'est pourquoi, le 10 février 1473, René lui assigna, et à Catherine de Watronville, sa femme, une rente de cent florins d'or du Rhin sur les salines de Rosières.

» L'année suivante il était capitaine et gouverneur d'Etain. »

Il « paraît... avoir pris une part très active à la guerre de Lorraine. On voit, dans la *Déclaration du fait de la bataille de Nancy,* que le capitaine de la garde, Jacques Wisse, était à l'avant-garde commandée par le comte de Thierstein. »

« Le 28 septembre 1477, il recevait, comme récompense de ses services, l'office de capitaine de Château-

---

(1) Dans les *Offices*, à l'article des *Capitaines des gardes* (*Mém. de la Soc. d'Arch. lorr.* de 1869, p. 408), M. Lepage nomme :

« Jacques Fesseler, dit Wisse, capitaine des archers et cranequiniers de la garde, 23 août 1473. » (B. 1, fo 3.) — Et en note : « Il l'était encore en 1496. » — Cf. les *Institutions militaires* du même (1883), p. 147-149, 364, 367.

(2) Le P. Benoît Picart (*Origine...*, p 439) cite « Jacques de Visse » et « Théodoric de Visse » parmi les seigneurs lorrains qui prirent part à l'expédition de Catalogne, sous le règne du duc Nicolas.

Salins avec la jouissance des revenus du gagnage domanial de cette ville (1) »...

Suivant M. Lepage, ce seigneur était, dès l'année 1481, remarié avec Alix de Bouvigny ; d'autre part, on verra plus loin que, le 7 janvier 1482, il fit une transaction au nom de celle-ci. Il faut donc qu'il y ait une erreur de date dans la copie suivante d'une épitaphe qui nous fait connaître, malgré une altération de nom bien singulière, l'inhumation, dans l'abbaye de Salival, de la première femme de Jacques Fesseler :

« *Cy gist Catherine de Vatronville, femme de noble homme Jacques Vischir, Chambellan et Capitaine de la garde de Monseigneur le duc de Lorraine, laquelle trespassa en l'an M.CCCC.LXXXIII. Priez Dieu pour elle* (2). »

« Jacques, dit M. Lepage, épousa en secondes noces Alix de Bouvigny et, en faveur de ce mariage, René, par lettres patentes du 2 octobre 1481, lui assigna une nouvelle rente de cent francs sur la seigneurie de Damvillers, en considération des bons, grands et notables services que ledit Jacques Fesseler avait rendus aux ducs Jean et Nicolas et à lui, le servant continuellement en ses guerres contre le duc de Bourgogne, en maints périls et grands dangers de sa personne, sans avoir été

(1) M. Lepage dit en note que, le 12 juin 1505, Jacques obtint pour son fils la transmission de ce bénéfice. V. plus loin.

(2) Hugo, *Annales præmonstr.*, II, 730. — Cf. G. Pierson, *L'abbaye de Salival*, dans les *Mém. de la Soc. d'Arch. lorr.* de 1868, p. 192. — La transformation de *Fesseler* en *Vischir* est remarquable ; il ne faut pas oublier que, en allemand, le V. se prononce comme un F.

payé de ses gages, qui s'élevaient alors jusqu'à plus de 1500 francs. »

Nous lisons dans une généalogie manuscrite de la maison d'Apremont-aux-Merlettes :

« Le 7 janvier 1482, Jacques Wisse, seigneur de Mérauvaux, Bouvigny et Ranzières, transigea au nom d'Alix de Bouvigny, sa femme, par l'entremise de Jacquot d'Apremont, avec Gilles de Housse, seigneur de Fermont, et Jean de Housse, son frère, pour ce qui pouvait être redû à ladite Alix de Bouvigny de la gestion de ses biens, faite par feu Robe t de Housse, son tuteur et père desdits de Housse. »

A l'article de Lachaussée, M. Dumont mentionne, en 1482, l'ordonnance d'une aide de 32 francs par mois, « répartie par MM. Symon des Armoises, bailli de Saint-Mihiel, le grand écuyer Gérard d'Aviller et *Jacques Busselot, capitaine de la garde*, pour le payement des gens et compagnons de guerre étant au duché de Bar (1) ». M. Dumont, dit à ce propos M. du Hautoy (2), « a peut-être mis Busselot pour Fesseler ». Cela est certain.

En 1488, suivant M. Brizion, la maison de Bonzée fut vendue par Guillaume d'Haraucourt, évêque de Verdun, à « Jacques Fauzeler de Wisse », pour la somme de 1600 francs (3).

Le 16 janvier 1489, le gagnage de Ranzières fut donné à Jacques Wisse (4).

____

(1) *Ruines de la Meuse*, t. I, p. 377.
(2) *Mém. de la Soc. d'Arch. lorr.*, 1871, p. 61.
(3) *Hist. des comm. du canton de Fresnes-en-Wœvre*, p. 70. (V. plus loin.)
(4) H. Lepage, *Comm.*, *ibid.*, p. 345, note.

En 1496, ce personnage, comme Capitaine de la garde, prit part à la guerre de Sedan (1).

« Le 11 décembre 1497, dit M. Lepage, Jacques Wisse obtenait l'affranchissement pour le fermier de son gagnage de Palameix, non loin de Saint-Mihiel, dont il avait mis les terres en bon état de culture... (2). »

« Jacques de Wisse et Thierry de la Mothe auditeur des comptes de Bar, sont envoyés, le 27 mars 1503, par le duc René, pour retirer des mains de Hesse, comte de Linange, seigneur d'Apremont, les seigneuries des Monsot, Richecourt, Sambucourt, Pannes, etc., qui avaient été engagées par le duc Jean » (3).

Relativement à la même année, la Table de l'*Inventaire* de Dufourny mentionne : « WISSE (Jacque), seigneur de Bouvigny, capitaine de la garde de René, député pour prendre possession de Mousson, en 1503. *T. I, p 681.* » On a, sans doute, écrit *Mousson* pour *Monsot.*

Plus loin, la Table indique le même : « seigneur de Rosieres (Ranzières), arbitre en 1503. *T. 8, p. 121.* »

Le 12 juin 1505, Jacques Wisse obtint la réversion sur son fils, Jean, de l'office de capitaine de Château-Salins, avec les revenus du gagnage (4).

M. du Hautoy mentionne : « Le sieur de Gerbéviller, capitaine de la garde du duc Antoine et son conseiller

(1) H. Lepage, *La guerre de Sedan. Episode du règne de René II (1493-1496)*, dans les *Mém. de la Soc. d'Arch. lorr,*. 1884, p. 213.

(2) H. Lepage, *Comm., ibid.*

(3) M. du Hautoy, *ibid.* V. Dumont, *Ruines*, III, 50-51.

(4) Lepage, *Comm. ;* v. plus loin.

d'Etat est présent, le 3 avril 1510, à l'acte de réception des reprises faites par Guillaume du Hautoy, écuyer, et Alix de Failly, sa femme, de ce qu'ils tenaient en fief dudit duc à Stenay, Ville-sur-Iron, Ville-au-Pré, Contrisson, etc. » (1).

« Jacques Wisse, dit M. Lepage, occupait, près du successeur de René, les emplois qu'il avait eus sous ce prince : il était à la fois conseiller, chambellan et capitaine de sa garde (2). »

Le 1ᵉʳ octobre 1510, le duc Antoine accorde à Jacques Wisse les profits et émoluments de la garde de Verdun, que tenait en son vivant le bâtard de Vaudémont (3).

« Jacques, qui », dit M. Lepage, « possédait la terre de Bouvigny, dans le bailliage d'Etain, du chef de sa seconde femme, écrit aussi seigneur de Ransières, à trois lieues de Saint-Mihiel ; et, le 14 mai 1511, le duc Antoine ... lui donnait, en augmentation de fief, tout ce que feu Gaspard, bâtard de Blâmont, tenait audit lieu de Ransières (4). »

Dans une ordonnance, du 15 mai 1511, par laquelle le duc Antoine nomme plusieurs seigneurs lorrains pour gouverner le pays en son absence, on voit figurer « Jacques Wisse, Capitaine de la garde, seigneur de Ranzières (5) ».

---

(1) M. du Hautoý, *ibid*.

(2) *Comm.*, *ibid*.

(3) H. Lepage, *Comm.*, *ibid.*, p. 345. — La garde de Verdun fut ensuite cédée par Jacques Fesseler à son gendre, Henri de Housse ; v. 1523.

(4) *Ibid*.

(5) *Hist. de la maison du Châtelet*, pr., p. cxvi.

La Table de l'*Inventaire* de Dufourny mentionne Jacques Wisse ... « arbitre entre le chapitre de Verdun et les habitants d'Eston, Dommarie et Baroncourt, en 1511. *T. 5, p. 675 bis.* = Alix de Bouvigny, sa femme, *p. 681.* »

« En 1514 », dit M. Lepage , dans ses *Institutions militaires* (p. 151), « le duc Antoine établit une nouvelle garde dont il donna le commandement à Jacques Wisse (B. 1020, fᵒˢ 70 et 71). »

Un nobiliaire manuscrit indique que, le 28 novembre 1523, ce seigneur se démit de la garde de Verdun en faveur de son gendre (v. plus loin). C'est la dernière mention que nous ayons trouvée sur Jacques Fesseler *dit* de Wisse ; nous ignorons l'époque de son décès.

On trouve dans l'*Histoire des villages des cantons de Fresnes-en-Wœvre* de M. A. Brizion (Verdun, 1866) des renseignements sur le premier mariage de Jacques Fesseler et sur une fille qui en naquit.

« Jacques de Wisse de Fauzeler », capitaine des gardes, épousa, dit-il, Catherine de Watronville, fille de Huot de Watronville et d'Alix de Bouvigny (1), sa première femme (2). » Jacques était seigneur de Mérauvaux (3). En 1488, la mairie de Bonzée dépendante de l'évêché de Verdun, « fut vendue, par Guillaume de Haraucourt, à Jacques Fauzeler de Wisse, marié à Catherine de Watronville, moyennant la somme de 1600

(1) Il y a peut-être là une erreur : *Alix de Bouvigny* est le nom de la seconde femme de Jacques Fesseler.
(2) A. Brizion, p. 58 et 110.
(3) A. Brizion, p. 57.

francs (1) ». De ce mariage naquit une fille , « Renée de Fauzeler », qui épousa, en 1499, Jacques de Haranges (2), fils de Collin de Haranges (3), et lui apporta la seigneurie de Merauvaux (4). En 1512, « Jacques de Haranges, écuyer, et Renée Wysse, sa femme, seigneur et dame de Merauvaux, » cèdent un bois à la communauté du lieu (5).

Husson-l'Escossois, à l'article *Bouvigny*, fait ainsi connaître les parents de la seconde femme de Jacques Fesseler et les trois enfants issus de ce mariage :

« L'an 1466, Iean de Bouvigny estoit Seigneur dudit lieu, et auoit espousé Marie de Manteuille de laquelle il eut:

» Alix de Bouuigny, mariée à Jacques Vuise Faizeler, sieur de Renzieres, dont il eut vn fils qui mourut ieune en Italie, de deux filles heritieres dudit Bouuigny.

» Margot, qui fut mariée à Symonin de Jaulny, et n'en eut aucun Enfant.

» Et Clemence, mariée à Henry de Housse, sieur de Boullange, Capitaine de Longvuy, dont elle eut trois filles... »

Ailleurs, nous ne trouvons sur le fils du capitaine

(1) A. Brizion, p. 70. Il y a erreur dans l'indication de la date ou plutôt dans celle du nom de la femme de Jacques, qui, à cette époque, était remarié avec Alix de Bouvigny.

(2) A. Brizion, p. 110.

(3) A. Brizion, p. 58.

(4) A. Brizion, p. 56 et 110.

(5) A. Brizion, p. 57. Nous avons pris note — dans la *Maison de Saintignon*, de Lionnois (p. XLIII) , si nous ne faisons erreur, — du « Contrat de mariage du 25 mai 1528, de... Gaspard de Gournay... avec... Barbe de Harenges, fille de feu honoré seigneur Jacot de Harenges, et de *Damoiselle Renée Wisse*, sa femme, Seigneur et Dame de Maraval... » (*Maraval* pour *Mérauvaux*.)

Fesseler que la mention suivante : « Le 12 juin 1505, Jacques obtint pour Jean, son fils, qui était attaché au service du duc de Calabre (Antoine), l'office de capitaine de Château-Salins avec les revenus du gagnage (1) ».

Henri de Housse (2) était fils de Gilles de Housse, seigneur de Fermont, Watronville et Boulange, et d'Eve de Montoy. Une ancienne généalogie le qualifie « seigneur de Boulange, gouverneur de Longwy, en 1517, de Verdun en 1523 et de Stenay en 1547 ». Nous lisons dans une autre : « En 1517, le 25 avril, Henry de Housse fut fait capitaine-prévôt de Lonwy. Le même fut gardien de Verdun, le 28e nov. 1523, sur la démission de Jacques de Wisse, seigneur de Ransier, son beau-père. » La première confirme son mariage avec la fille de Jacques Wisse, et le date de l'année 1512.

De cette alliance naquirent trois filles : 1° Barbe de Housse, dame de Bouvigny, qui épousa Gérard le Bouteiller-de-Senlis, chevalier, seigneur de Moussy, etc., sénéchal de Lorraine ; 2° Jeanne, dame de Ranzières, mariée, en 1537, à Pierre de Watronville, bailli de Saint-Mihiel ; 3° enfin, Claude de Housse, qui devint abbesse de Differdange.

C'est ainsi que, par l'intermédiaire de Henri de Housse, une grande partie de la succession de Jacques Fesseler, dit de Wisse, et celle d'Alix de Bouvigny passèrent dans les familles de Bouteiller-de-Senlis et de Watronville.

21 août 1884.

(1) Lepage, *Commentaires*, *ibid.* ; on se rappelle que Jacques avait reçu cet office en 1477. (v. pl. haut.)

(2) Nous comptons publier plus tard une généalogie de la maison de Housse.

FAMILLE FESSELER

JACQUES Ier, seig. de Ranzières, maréchal de Barrois, .. 1481 (?), 1510,
ép. *N.* de WISSE (?).

JACQUES II, seig. de Ranzières, etc.,
Capit. de la garde des ducs René II et Antoine, etc., ..1473-1523,
ép. 1° Catherine de WATRONVILLE et 2° Alix de BOUVIGNY.

1er lit . . . . 2° *lit* . . . .

1er lit	2° lit		
RENÉE, dame de Mérauvaux, ép. Jacques de HARANGES.	JEAN, mort jeune en Italie.	MARGOT, ép. Simonin de JAULNY.	CLÉMENCE, ép. Henri de HOUSSE, seigneur de Boulange, capit. de Longwy.

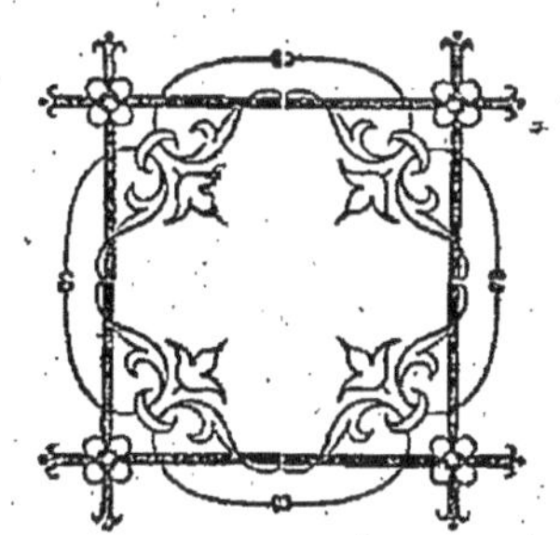

www.ingramcontent.com/pod-product-compliance
Lightning Source LLC
Chambersburg PA
CBHW061205050726
47594CB00008B/3569